Ce livre appartient à

Une demande spéciale

Hey ! Merci pour votre achat.
Comme vous le savez déjà, nous mettons beaucoup de travail pour créer de tels livres .Si vous pouviez
prendre un moment de votre temps pour nous laisser
une critique sur Amazon nous l'apprécierions vraiment.
Publications Ananas Nouvelles

Puzzle #1

		6		5	9	2		4
				7	4			1
4	3	9			8		6	
		3				7		
7	2			4	3			
6							1	3
			5			8	3	
			8		1		4	2
		2		9				

Puzzle #2

5								9
	3	2		4		8	6	
	8			2	3	7	5	
	9			6	2		4	
			8		5			7
		1		9		3		
3				7	8		1	
	1							6
	4	7	1		6			3

Puzzle #3

	4		9		5		8	2
		6		7	4	1		3
	8			1	6		7	5
8			3		1			
			7					
	7	5						1
	5				8			
1						9		6
	9		1	2			5	4

Puzzle #4

4			5	3				7
	3	9		1	4	5		
	5		6		8	2		3
	8	2	9					
			8					
7		3	1				9	
5	7				1			
3	2	6						5
8					7	4	6	2

Puzzle #5

5		6			2	3		
8		9		3	7			
		1				8		4
	6	4			8		3	
		3	7			9	8	
			2	9				5
				2			1	
4				6				3
3	1				5	4		2

Puzzle #6

3					4		6	8
	8	4		9			2	
	2		5		8		9	7
1	9			4	5			2
		2					4	5
	3			7		9	8	
		3	4	6			5	
				3				
9	4	6	8					

Puzzle #7

		2	7			5	3	
4	7			5	2		6	8
		5						1
9	2				8	1	5	
	8		9	7			2	3
	5	7			3			
	1	9		6	4			
								5
			2			4	9	

Puzzle #8

					5			3
4		5		2				9
	3		8				6	
6	2			3				
3		7	5			1		
	9	4	6		1		2	
		6						1
2	7			9	4		8	
				5	6	9	3	

Puzzle #9

7	8		6	2				
	5	3	9			2		
			7				9	6
2	1			5	9	3		8
	4		8		7		2	
3					4		5	
	9				8	6		1
	6			9	2	8		4

Puzzle #10

	3	6	9	7			5	
		9		1	3			
2						9		
3	6	1			5	2		
			1		8	7		
7	4			3			1	
		2	6			3	9	
			8		1	5		6
				9		1		

Puzzle #11

	2	5		6	4		8	
3		6	8	9				
8	1					5	4	6
6	3	4						
	7					1		4
						2	7	
		7			1			
2		1	9					
			4		7		9	

Puzzle #12

		8		7	6	4		1
5		6						7
4			1			9	5	
7				9				4
						3		8
9	8			3	5		1	
	4				1	2	8	
	5			8	3			
	6	9		5			7	

Puzzle #13

	3		4	2	7			
	1	7		9	8			2
9				6	3			
2	5				4	1	6	
				1	2	8		3
	9		8					
		2	7			9	1	
					1		3	8
			6	3		4		5

Puzzle #14

		8	6			5		
		6	5				3	
9		2			7			
1	8	4		5				6
6	3					4	7	
7			9	4		3	8	1
	9			3				
			1		5		9	7
			8			2		3

Puzzle #15

	8		2				3	
		3	4		9	5	6	
5					6	4	7	8
7		1				6	5	
				3	1		2	
				6		8		
	5		6	7		2		
3	2		1					
	1			2				6

Puzzle #16

		8	4		9			
5			2					6
9	3			6				5
					5	3	8	1
		3	6					
2	5			8			6	7
6				9			5	8
			8				2	
4		1				6	3	

Puzzle #17

	4	1	9	7		6		5
				8			2	
						3		9
			5		9		7	
5	3			2	7		6	
8						2		
	2				5			4
		5		4	8			2
	7	8					9	6

Puzzle #18

	6		3		8		4	
	7	4			5			
				9				
			6			9	3	
3		1		7		4		6
	4		5	3				
7		6		5	1			4
2							8	7
				8	3	2		1

Puzzle #19

8				3				
1								
4			1				2	9
					2	6	7	
	2				7		3	
	7	8	4	5				2
7		5			4		1	
		3	7	6		2		
	6	1	9	8		3		7

Puzzle #20

4			9					
	9		8				5	2
7	6							
9		4				3		5
		1		3		6		
			4	1		2		8
8	1						2	
				2			8	
3	5	2			6			1

Puzzle #21

			6		3			
7	4		8					
		5		2	7	8		
2				1		9	3	
	3	4		8		6		
		9				7		
	2		9		8			
	8			6		4	1	9
		6	4	7		2	5	

Puzzle #22

				2	6			
3	7			1			9	6
	8	6	7	5				4
6	1		5			2		3
8	2	9	1			6	5	
				6	8			
							4	
		8		7	1			
9	5	3					6	

Puzzle #23

		9	7	1				3
1							6	
3	5	4		8			2	
			3					
	2			5		8		
5						6	1	2
	6	3	8					
9		8		6		3	5	
			4	9		2	8	

Puzzle #24

				1				5
	1	5		3	6	7	2	8
			7			6	1	
			5					4
		4		2	9		7	
5	7			4	1		9	
1						9		
2	3			9				
9		6			8	1	5	3

Puzzle #25

9			2					
3	7		1		4	2		
6				3			5	1
	4				1		8	
		6				7		
2			8	6				9
8			5	4			6	3
	6	2						
	9	3			8	1	2	

Puzzle #26

8				4	6	3	7	1
	4	7			9		8	
		3	5					2
3		1	4	7		8		
	6	4					1	
		8	6	9				
	9							
7		6	8					
1				5				4

Puzzle #27

				4	2			7
			3	8				
	8	9					2	
4					3			5
		2		6	7		9	
	7	5	8	1	4		3	6
	3		6	5			7	2
	2	1	7		8	6		
								3

Puzzle #28

	4	7		1	5			
2	3			4				
				6	7			
		5	4	8	3			7
				7	9			5
9					2	3		
	6	2	5		8		4	9
						1	3	
		4		7	6	8		

Puzzle #29

			8		6	7		2
				5			6	9
			2	3			4	
	8				1			
		4		9		5	2	7
5		7						
3	7	5	9	6		2		8
		8			3	4		
6	4					9	7	

Puzzle #30

			8	7		5	4	
	7			4				
			3	1		6	9	
4	8			6		7	2	3
			7				8	
3	1					9		
	4					2		1
7		1		3		8		5
		5	2		1			

Puzzle #31

							3	
	9			3	8		2	7
		5		6	2		8	
				2	6	8		9
	8	4		5			1	2
		7		4			6	5
7	4							
		3	9			6		
	6		2				5	8

Puzzle #32

1			6		5	2		
		3	4					
			9		8	6		1
		2				8		9
		4	2	9		7		
	6	1						
2				4	9	3	6	
5				7	1	4		
	4				2		5	

Puzzle #33

			8	6		1		4
9				2		8	6	
				1	4		7	
		9			3		2	8
	8	4						6
6	2					9	3	
					9	6		2
2	9		5					1
		8			1	3		

Puzzle #34

				3	2			8
4			5					3
			4	6		9		5
1			9		5			
5					6	7		
	8	4		1	7	3	5	
8		9	1			6	3	
3	4			2			8	7
					5			

Puzzle #35

3		4			1	7		6
	1		3		2		5	
	5	6						
	8	1	2	3	4		7	
			9	1				
4	2	9						
	4		1			6		2
		2	6		9		8	
8		7						

Puzzle #36

5						3		
	3	4	8				9	6
	2			9	1			
	9	8			2	4	1	
6	1					7		3
			5			6		
			6			1		7
	7	2		3				
		1	9	7				

Puzzle #37

6					9			4
		3	4				9	6
				6		3		5
			8		5	4		9
4	2		9					
7			6				8	
5			1		4	9		
					6		4	8
1		4		8		6		7

Puzzle #38

		6			4			9
	1	9		3	2	8		
7	2					4		
		3	6		5		9	2
2			3	1			8	4
	5					6		7
6			8	2			5	
5	7							
					3	7		

Puzzle #39

	4		8		7	1		
5			2	9				
	1	8			4			6
2	8	6				9		
			7	8			4	5
				1		3		2
	9		6					1
		7					3	8
	2	1	3	4				

Puzzle #40

	7	5			8	6	2	
		2					9	7
6	9	4	1	2				5
		3	6	9			5	
			7				4	
9				5	4	1		
				4				
4				1				
		1	2		3	4		

Puzzle #41

	3	2	9			1		
		7	5	1		2	8	
1	5				2		7	
3	2		7	5				
	7	1	4		9		2	
		8		3		7		4
		3				8		
9			6					
				7	4		5	

Puzzle #42

			3			4	1	5
		2			1		9	
1								7
		9		7		6		
	8			6	5			
	7				4	1	2	9
4	9			5	6	3		
	1			9	8			
8				1				4

Puzzle #43

5				7			6	4
		1			8		5	
				6	5		2	
	1	3	5					
		4	7	2	3	9		8
			6	4				
4				3	6		9	
	2			1	4			7
	3	6	9	5	7			

Puzzle #44

	7			4	8	6		
		9		2	1	4		
2	5							
	1			9	5	3		
		5						
4			1	6			7	9
	9	3	8		2			
1					4		3	6
5				7	6	9		

Puzzle #45

4	2						7	9
	9			2		4	3	
		8		7	4		5	
	6		1		7			5
	5							
3	1			6	5	9		
8			2			6	1	
		6		8		5	2	
	7	9				8		

Puzzle #46

		4			8		9	
	7		5	1	4			
	2	3		7		4		
7	3		2	8		5	6	
						9	7	
1	6		4		7			8
	5	7		4	2	8	3	
								2
	8					1	4	

Puzzle #47

	5	3	4				1	2
		9			7	3		4
	7			6				
		2	6				4	
				2		6	9	3
9	8			3				1
1				4		9		
		4	3		6	1	2	
	6			7	1	4		

Puzzle #48

		9	4	5	2		7	
	6			8		1	5	2
2				6	1			
6	1						2	
9		3			5			8
	8	7			9	5		
		2		1		7		
			6			2	3	4

Puzzle #49

3			6		2			9
		7		5			1	
2			4				8	
8	9						2	6
	3		7		4			
				8			4	
	1	3		9	7			
6		2					5	
				6		8	3	

Puzzle #50

5	2	1		9				8
	9		5		8			7
4			6					
			3			1	7	
				7			8	3
		3			6		9	4
		8		5		7	4	
7	5	2						6
	4		8			2		5

Puzzle #51

	3			8				9
	7	8		2	1		6	4
	6			7	3	8		
4		7			2			
3		5			9		2	1
6	2					7	9	
	1		2		6		4	
2					8			
		3	4					

Puzzle #52

				5	2	3	7	
	5				6	8	4	
			8		7		2	1
7			9	6	3		5	
				4	1			
	2			7				4
		1	3		4	9	6	
4								2
6		2			9			5

Puzzle #53

	7			5		1		
	2			7			6	8
6		8	1	4				
4								2
3			5	2		8	1	9
	9				7	5		
	5		7	6		3	4	
7								6
			4		9			7

Puzzle #54

			3					
4	3						6	
2	6	7		4			1	3
	1	8	6	5	9			
3	2	5						6
					7	8		
			1			6		5
1				9		7		
	7	3	8	6		1	2	

Puzzle #55

		3	4					
9	7			3				8
	8			6	5		1	
1	4		2		3	7	8	
3	2				6	5		
		7	8				4	
2			6	9	1			
	5							
7	9	6	5			1		

Puzzle #56

	9			4				
		1	7	2			9	
						4		3
5			3			7	8	
					9			2
	8		2					5
		6	4				3	
3		5	6	8			2	4
2					1	8	7	

Puzzle #57

5				6	7	2		
			4					
2				9	3	1	7	
			3	4	6	7		
		3	7			4		2
		6		5	2		1	8
		1		7	5	9		
3		5		1				
4		8	2					1

Puzzle #58

	7			4		5		
				8	5	2		4
4		3		9		8	7	
2					4		8	5
7	9				6			
5		4				6		
	2	1	4	3				
	8			5		1		6
			1		8			

Puzzle #59

	9	6						
8		2				7	4	
				6	8			
		4		7			2	5
5		7			3	6		1
	1		6			4		
3		9			7		8	
			4			5	9	
	5	8		9	6			

Puzzle #60

8		5	9	6		4	1	
	3				7			
			5	8			9	7
			8	2			3	
	5		7	3				4
3		2			5	6		
2	8			1				5
		7	3			2	6	
	1			7				

Puzzle #61

				7	1			8
	1	4	6			9	5	7
8		3						
	8	5			9		4	
	6						1	
3		9			6	8		
		7	5		3			
	9	8	4				2	
5			8		2			

Puzzle #62

3		1				8		4
								6
	7	4		1		5		
9	4		8					
8	2	7						5
6		5		9			2	
		9	5	6		1		
7		6			1		3	2
			3	4	7	6		

Puzzle #63

	9	8	6	1	2	4		
3							2	
		6		3		1		7
		9			1		5	3
5		3	8			7	4	2
	7							
	8			7				6
2				6	9		8	
		4		8		2		

Puzzle #64

		9				8	7	6
7		3	5		8	2		4
		8	7	1				
		7						3
8				2		9	6	7
	3					1		5
			6		1		9	
		2	8	3		5		
1			4		2			8

Puzzle #65

		8	3			5		
		5	2				1	
2				1	5		4	
4					3			
1	7		8		2			3
8	6		1					9
			6		1	8		5
		7		9	4	2		
	3			2			7	4

Puzzle #66

	6							1
9	7		5			6	8	4
				4				
8				5	2			3
		6	3	8			4	
		3			7			
7	5				4		2	
				2	1		9	5
	2	8	9	7		4		

Puzzle #67

		1			6			4
		4	1	7				
	8				5			7
7		8		4	2			1
2	1					5		
4						9		
5	3			9		1		
		6	2	1	3			
1			6			4	8	

Puzzle #68

3			7			2		5
4		2		5	9	6		
				2			9	
	4	1	6			8	2	9
6			1		8			3
9							6	1
	7	5						
8		9			3			
	3	4		8	2	5		

Puzzle #69

			4					
		4			3		6	
7		3	1				8	
	6			1	5			
	1	8		7	4	9	5	2
		5			2			
		1			9	8		4
	4					5	7	9
5				4		6	3	

Puzzle #70

8		7						4
	5		6				3	2
6			8	4				9
		8			4	2	7	
	1						8	
2			9	8		6		3
1		3		5		4		
	4				8			7
7		2		6				

Puzzle #71

	5	1	3					7
9			1			5		4
7						9		
4				1	6	2	9	
		2			5			
6			7	2				8
5			9	3		4	1	
	1			6		7		
			2			3	5	

Puzzle #72

3	9	2						1
			3			4	2	
8			6			9	3	
6				7	3		1	
				5	6			9
	5	7			9	3		
	1	3						
9	6					2	8	3
		5	9	3	4			

Puzzle #73

	8		7			2		
	1	4	2			6		
2	3	9		8	6			4
5					4	7		3
				7				1
	9						6	
					8	5	4	
		6	1	2		9		7
	2		4					

Puzzle #74

9	2			8			6	
	6			7	9			
	3			2	6	5	9	
6			9	5		4	3	
	9	3					8	
		2	8					
1			6		5			3
	5			3		9		8
3	7			1				

Puzzle #75

		1	6					
			7				8	
	2		8	9	1	4		3
3	9						6	
1					2		4	9
	4		3			8	2	1
7		9		3	8			
	8							7
2		3		4		9		8

Puzzle #76

	3				7		1	8
	5		8					
			3	2				7
4	8			6		9		
5	6	9		7				
		7	9		4	5		
			2				4	
3		4	7				8	5
2		5		1			6	

Puzzle #77

	9		1	3				
2			7			6		5
7		8					2	
				9	1	4		
	6				4		3	
4			6					
		4	8		9		6	
9		6		5	7	8		3
	8			2	6	9	4	

Puzzle #78

4	3					2	1	
			6		5			
								9
5		4		9		8		
9	1	8			2	4		
7			8			5		6
		7					4	
1		5			8	6		7
6			3	7	9			8

Puzzle #79

		6			2	8	3	
7		3	4	6				2
2	5			3		4	6	
					7	1		8
	1	4				6		3
5							2	
							9	
		8	2		6	3		
9		2	3			7		

Puzzle #80

		3			1	7		
6		5			7	8		
			3			6	2	
3		1	4	2		5	8	
5	6						1	9
4								2
7		6		1				3
1	9			4				
2			9				6	8

Puzzle #81

	9					1	4	
	3	2	6					
8		5						2
2			5	4	9	3		
				7			8	
		6	8	1	3	7		4
			9	8	2			7
7								5
4		1	3					6

Puzzle #82

	3				1		8	6
		4		5	7		1	9
							4	
3		6	7			4		5
	7	2	1	9	4		6	3
		9		3				2
1						9		8
	6				5		3	
			2	4		6		

Puzzle #83

6			1	5	4	7		
7			3		6	2		
4	3	8						
8		1	6	7				
			2	4	5		6	
	5		8	9			4	
		6		3		1		7
2	7		5	6				

Puzzle #84

	5				7		6	4
			8			3	1	2
1	2			4	3	5		
				8	2			6
3					6			
	6			3				9
	3			2				8
5	9		7		1	2		
	7						9	

Puzzle #85

		3					4	
6			5		2	3	1	
		9	4				8	
	8			7	1		3	5
	7			6	8	1		2
		1				7	6	
		2				8		
8	9			3				
	3	5	8			9		

Puzzle #86

6				7		8		2
		9	5	8			4	7
8				1		6	9	
		3					8	
	5				8			1
				9		3		
		6			5	7		
	1	2		9				5
	8			6	3	2		

Puzzle #87

		1	2		5			6
		7				4		
6		5	8	3			2	
4		3			8	5	6	9
1				6			7	
9					7	1		
7		4						
	1			8		3	4	2
8				1	9			7

Puzzle #88

7		5			2		8	9
		4						3
3		2		8			6	
	3			9		2		6
		6	1				4	
9						8		1
					6	3	1	
		3			7			
	5	9			3	6		4

Puzzle #89

	2	1					5	
	4	6		2	5	9	8	
9				4	8			3
5		3		8		7	6	9
		2	9	1		8		
6					3			
				5	2			1
				3				4
2				6		3		8

Puzzle #90

9			2	3			4	
	8		5		6			
						2	8	1
8					5		7	9
		3		8	2			
	6		7	4	9	8		
		8				7		
	5	9	8				6	2
3	7	1	6				9	

Puzzle #91

	7		3		5	2	4	
	1	6			9			8
						1	7	
	5		8		1			4
4						7		5
1	6			7			8	
				8		6		3
	3	4		6	9	7		2
		2						

Puzzle #92

	6	2		8				3
1	7		3		6			
				7	9		4	
		1			3	8		
					5	6	2	
		8			2	9		1
7		3				4		
	8		9	3				
5			1	6	4		8	

Puzzle #93

8						7		2
9					1	8		
3	1					4	5	9
					5			
7	9				4			3
6	4	3			8			
	2	8		9	6			5
			1		2	9	6	
			5	7	3			8

Puzzle #94

		5		4		3	7	
			6				9		8
1	7	9			3			
		6	5					7
8	4		2	1	6			
	1	3	7			2	4	
		4		8				
	5			6	9	7		
		1	4		5		2	

Puzzle #95

6							5	9
5				4			2	8
		9		2	6			
8				9	4			
	6	3						
	1		8	6		4		2
		1	7			8		
		6		1	8	7		3
7	4							

Puzzle #96

	9	8			3		2	1
							3	
3				2		4		
		6				1		
9	5		8	6				7
	2		3			9		
	7			6				2
5	8		1	3	4			
			9		2	5	8	

Puzzle #97

	8	6					2	5
	5		3	7				9
					6		3	1
8		2	6			1		
	6			2		5		4
			9	4	1	6		
6		8	4					
	7				8			
	2	3	7					

Puzzle #98

				9		6		
	4	8			2		1	
6						5	7	8
	5		7		8		6	9
				6		4		2
1					5			
		3		7			9	
	7			4	1	8	3	
			2		3		4	5

Puzzle #99

	7		9		8			4
8								1
		3			5	8	6	
5		9		6			7	
		2		9	7			5
1	4		2		3			
	2	1		7	9			
		6			1	9		3
	3					1		

Puzzle #100

7		8		5		2		9
		4	6					5
5		2		7			4	6
				1		6	9	
						4	8	7
				8	3			2
	5	9						
4			5		7			8
3	7			2	8		6	

Puzzle # 1

1	7	6	3	5	9	2	8	4
2	5	8	6	7	4	3	9	1
4	3	9	2	1	8	5	6	7
8	4	3	1	6	5	7	2	9
7	2	1	9	4	3	6	5	8
6	9	5	7	8	2	4	1	3
9	1	4	5	2	7	8	3	6
5	6	7	8	3	1	9	4	2
3	8	2	4	9	6	1	7	5

Puzzle # 2

5	7	4	6	8	1	2	3	9
9	3	2	5	4	7	8	6	1
1	8	6	9	2	3	7	5	4
7	9	8	3	6	2	1	4	5
4	2	3	8	1	5	6	9	7
6	5	1	7	9	4	3	2	8
3	6	9	4	7	8	5	1	2
8	1	5	2	3	9	4	7	6
2	4	7	1	5	6	9	8	3

Puzzle # 3

7	4	1	9	3	5	6	8	2
5	2	6	8	7	4	1	9	3
9	8	3	2	1	6	4	7	5
8	6	2	3	5	1	7	4	9
4	1	9	7	6	2	5	3	8
3	7	5	4	8	9	2	6	1
2	5	4	6	9	8	3	1	7
1	3	8	5	4	7	9	2	6
6	9	7	1	2	3	8	5	4

Puzzle # 4

4	6	8	5	3	2	9	1	7
2	3	9	7	1	4	5	8	6
1	5	7	6	9	8	2	4	3
6	8	2	9	4	3	7	5	1
9	1	5	8	7	6	3	2	4
7	4	3	1	2	5	6	9	8
5	7	4	2	6	1	8	3	9
3	2	6	4	8	9	1	7	5
8	9	1	3	5	7	4	6	2

Puzzle # 5

5	4	6	1	8	2	3	7	9
8	2	9	4	3	7	1	5	6
7	3	1	6	5	9	8	2	4
9	6	4	5	1	8	2	3	7
2	5	3	7	4	6	9	8	1
1	8	7	2	9	3	6	4	5
6	9	5	3	2	4	7	1	8
4	7	2	8	6	1	5	9	3
3	1	8	9	7	5	4	6	2

Puzzle # 6

3	7	9	2	1	4	5	6	8
5	8	4	7	9	6	3	2	1
6	2	1	5	3	8	4	9	7
1	9	8	6	4	5	7	3	2
7	6	2	9	8	3	1	4	5
4	3	5	1	7	2	9	8	6
2	1	3	4	6	7	8	5	9
8	5	7	3	2	9	6	1	4
9	4	6	8	5	1	2	7	3

Puzzle # 7

8	6	2	7	9	1	5	3	4
4	7	1	3	5	2	9	6	8
3	9	5	4	8	6	2	7	1
9	2	3	6	4	8	1	5	7
1	8	4	9	7	5	6	2	3
6	5	7	1	2	3	8	4	9
7	1	9	5	6	4	3	8	2
2	4	6	8	3	9	7	1	5
5	3	8	2	1	7	4	9	6

Puzzle # 8

8	1	9	4	6	5	2	7	3
4	6	5	3	2	7	8	1	9
7	3	2	8	1	9	5	6	4
6	2	1	9	3	8	4	5	7
3	8	7	5	4	2	1	9	6
5	9	4	6	7	1	3	2	8
9	5	6	2	8	3	7	4	1
2	7	3	1	9	4	6	8	5
1	4	8	7	5	6	9	3	2

Puzzle # 9

7	8	9	6	2	5	4	1	3
6	5	3	9	4	1	2	8	7
1	2	4	7	8	3	5	9	6
2	1	7	4	5	9	3	6	8
9	4	6	8	3	7	1	2	5
8	3	5	2	1	6	7	4	9
3	7	8	1	6	4	9	5	2
4	9	2	5	7	8	6	3	1
5	6	1	3	9	2	8	7	4

Puzzle # 10

8	3	6	9	7	2	4	5	1
5	7	9	4	1	3	8	6	2
2	1	4	5	8	6	9	3	7
3	6	1	7	4	5	2	8	9
9	2	5	1	6	8	7	4	3
7	4	8	2	3	9	6	1	5
1	8	2	6	5	7	3	9	4
4	9	3	8	2	1	5	7	6
6	5	7	3	9	4	1	2	8

Puzzle # 11

7	2	5	1	6	4	3	8	9
3	4	6	8	9	5	7	1	2
8	1	9	2	7	3	5	4	6
6	3	4	7	1	2	9	5	8
9	7	2	5	3	8	1	6	4
1	5	8	6	4	9	2	7	3
4	9	7	3	8	1	6	2	5
2	8	1	9	5	6	4	3	7
5	6	3	4	2	7	8	9	1

Puzzle # 12

2	9	8	5	7	6	4	3	1
5	1	6	3	4	9	8	2	7
4	7	3	1	2	8	9	5	6
7	3	1	8	9	2	5	6	4
6	2	5	4	1	7	3	9	8
9	8	4	6	3	5	7	1	2
3	4	7	9	6	1	2	8	5
1	5	2	7	8	3	6	4	9
8	6	9	2	5	4	1	7	3

Puzzle # 13

8	3	5	4	2	7	6	9	1
6	1	7	5	9	8	3	4	2
9	2	4	1	6	3	5	8	7
2	5	8	3	7	4	1	6	9
4	7	6	9	1	2	8	5	3
1	9	3	8	5	6	2	7	4
3	4	2	7	8	5	9	1	6
5	6	9	2	4	1	7	3	8
7	8	1	6	3	9	4	2	5

Puzzle # 14

3	7	8	4	6	2	5	1	9
4	1	6	5	9	8	7	3	2
9	5	2	3	1	7	8	6	4
1	8	4	7	5	3	9	2	6
6	3	9	2	8	1	4	7	5
7	2	5	9	4	6	3	8	1
2	9	7	6	3	4	1	5	8
8	4	3	1	2	5	6	9	7
5	6	1	8	7	9	2	4	3

Puzzle # 15

6	8	4	2	5	7	1	3	9
1	7	3	4	8	9	5	6	2
5	9	2	3	1	6	4	7	8
7	4	1	8	9	2	6	5	3
8	6	5	7	3	1	9	2	4
2	3	9	5	6	4	8	1	7
9	5	8	6	7	3	2	4	1
3	2	6	1	4	8	7	9	5
4	1	7	9	2	5	3	8	6

Puzzle # 16

1	6	8	4	5	9	2	7	3
5	7	4	2	3	8	9	1	6
9	3	2	7	6	1	8	4	5
7	4	6	9	2	5	3	8	1
8	1	3	6	4	7	5	9	2
2	5	9	1	8	3	4	6	7
6	2	7	3	9	4	1	5	8
3	9	5	8	1	6	7	2	4
4	8	1	5	7	2	6	3	9

Puzzle # 17

2	4	1	9	7	3	6	8	5
3	5	9	4	8	6	1	2	7
7	8	6	2	5	1	3	4	9
1	6	2	5	3	9	4	7	8
5	3	4	8	2	7	9	6	1
8	9	7	1	6	4	2	5	3
6	2	3	7	9	5	8	1	4
9	1	5	6	4	8	7	3	2
4	7	8	3	1	2	5	9	6

Puzzle # 18

1	6	5	3	2	8	7	4	9
9	7	4	1	6	5	8	2	3
8	3	2	4	9	7	6	1	5
5	2	7	6	1	4	9	3	8
3	9	1	8	7	2	4	5	6
6	4	8	5	3	9	1	7	2
7	8	6	2	5	1	3	9	4
2	1	3	9	4	6	5	8	7
4	5	9	7	8	3	2	6	1

Puzzle # 19

8	5	7	2	3	9	4	6	1
1	9	2	5	4	6	7	8	3
4	3	6	1	7	8	5	2	9
3	1	4	8	9	2	6	7	5
5	2	9	6	1	7	8	3	4
6	7	8	4	5	3	1	9	2
7	8	5	3	2	4	9	1	6
9	4	3	7	6	1	2	5	8
2	6	1	9	8	5	3	4	7

Puzzle # 20

4	2	8	9	5	3	1	6	7
1	9	3	8	6	7	4	5	2
7	6	5	2	4	1	8	3	9
9	8	4	6	7	2	3	1	5
2	7	1	5	3	8	6	9	4
5	3	6	4	1	9	2	7	8
8	1	7	3	9	4	5	2	6
6	4	9	1	2	5	7	8	3
3	5	2	7	8	6	9	4	1

Puzzle # 21

8	1	2	6	4	3	5	9	7
7	4	3	8	9	5	1	6	2
9	6	5	1	2	7	8	4	3
2	7	8	5	1	6	9	3	4
1	3	4	7	8	9	6	2	5
6	5	9	2	3	4	7	8	1
4	2	1	9	5	8	3	7	6
5	8	7	3	6	2	4	1	9
3	9	6	4	7	1	2	5	8

Puzzle # 22

4	9	5	3	2	6	1	7	8
3	7	2	8	1	4	5	9	6
1	8	6	7	5	9	3	2	4
6	1	4	5	9	7	2	8	3
8	2	9	1	4	3	6	5	7
5	3	7	2	6	8	4	1	9
7	6	1	9	3	5	8	4	2
2	4	8	6	7	1	9	3	5
9	5	3	4	8	2	7	6	1

Puzzle # 23

6	8	9	7	1	2	5	4	3
1	7	2	5	3	4	9	6	8
3	5	4	6	8	9	7	2	1
8	9	1	3	2	6	4	7	5
4	2	6	1	5	7	8	3	9
5	3	7	9	4	8	6	1	2
2	6	3	8	7	5	1	9	4
9	4	8	2	6	1	3	5	7
7	1	5	4	9	3	2	8	6

Puzzle # 24

7	6	9	8	1	2	3	4	5
4	1	5	9	3	6	7	2	8
8	2	3	7	5	4	6	1	9
6	9	1	5	8	7	2	3	4
3	8	4	6	2	9	5	7	1
5	7	2	3	4	1	8	9	6
1	5	7	4	6	3	9	8	2
2	3	8	1	9	5	4	6	7
9	4	6	2	7	8	1	5	3

Puzzle # 25

9	5	1	2	8	6	3	4	7
3	7	8	1	5	4	2	9	6
6	2	4	7	3	9	8	5	1
7	4	9	3	2	1	6	8	5
1	8	6	4	9	5	7	3	2
2	3	5	8	6	7	4	1	9
8	1	7	5	4	2	9	6	3
4	6	2	9	1	3	5	7	8
5	9	3	6	7	8	1	2	4

Puzzle # 26

8	5	9	2	4	6	3	7	1
2	4	7	1	3	9	6	8	5
6	1	3	5	8	7	9	4	2
3	2	1	4	7	5	8	9	6
9	6	4	3	2	8	5	1	7
5	7	8	6	9	1	4	2	3
4	9	5	7	6	2	1	3	8
7	3	6	8	1	4	2	5	9
1	8	2	9	5	3	7	6	4

Puzzle # 27

1	5	3	9	4	2	8	6	7
2	4	7	3	8	6	9	5	1
6	8	9	1	7	5	3	2	4
4	6	8	2	9	3	7	1	5
3	1	2	5	6	7	4	9	8
9	7	5	8	1	4	2	3	6
8	3	4	6	5	9	1	7	2
5	2	1	7	3	8	6	4	9
7	9	6	4	2	1	5	8	3

Puzzle # 28

8	4	7	2	1	5	6	9	3
2	3	6	8	4	9	5	7	1
5	1	9	3	6	7	4	2	8
6	2	5	4	8	3	9	1	7
4	8	3	7	9	1	2	6	5
9	7	1	6	5	2	3	8	4
1	6	2	5	3	8	7	4	9
7	5	8	9	2	4	1	3	6
3	9	4	1	7	6	8	5	2

Puzzle # 29

4	5	9	8	1	6	7	3	2
8	2	3	4	5	7	1	6	9
7	6	1	2	3	9	8	4	5
2	8	6	5	7	1	3	9	4
1	3	4	6	9	8	5	2	7
5	9	7	3	4	2	6	8	1
3	7	5	9	6	4	2	1	8
9	1	8	7	2	3	4	5	6
6	4	2	1	8	5	9	7	3

Puzzle # 30

1	9	3	8	7	6	5	4	2
2	7	6	5	4	9	3	1	8
8	5	4	3	1	2	6	9	7
4	8	9	1	6	5	7	2	3
5	6	2	7	9	3	1	8	4
3	1	7	4	2	8	9	5	6
9	4	8	6	5	7	2	3	1
7	2	1	9	3	4	8	6	5
6	3	5	2	8	1	4	7	9

Puzzle # 31

8	1	2	4	9	7	5	3	6
4	9	6	5	3	8	1	2	7
3	7	5	1	6	2	9	8	4
5	3	1	7	2	6	8	4	9
6	8	4	3	5	9	7	1	2
9	2	7	8	4	1	3	6	5
7	4	8	6	1	5	2	9	3
2	5	3	9	8	4	6	7	1
1	6	9	2	7	3	4	5	8

Puzzle # 32

1	9	8	6	3	5	2	7	4
6	2	3	4	1	7	9	8	5
4	7	5	9	2	8	6	3	1
7	3	2	1	5	6	8	4	9
8	5	4	2	9	3	7	1	6
9	6	1	7	8	4	5	2	3
2	1	7	5	4	9	3	6	8
5	8	6	3	7	1	4	9	2
3	4	9	8	6	2	1	5	7

Puzzle # 33

7	3	2	8	6	5	1	9	4
9	4	1	3	2	7	8	6	5
8	5	6	9	1	4	2	7	3
1	7	9	6	5	3	4	2	8
3	8	4	7	9	2	5	1	6
6	2	5	1	4	8	9	3	7
5	1	7	4	3	9	6	8	2
2	9	3	5	8	6	7	4	1
4	6	8	2	7	1	3	5	9

Puzzle # 34

9	5	1	7	3	2	4	6	8
4	6	8	5	9	1	2	7	3
7	2	3	4	6	8	9	1	5
1	3	7	9	4	5	8	2	6
5	9	2	3	8	6	7	4	1
6	8	4	2	1	7	3	5	9
8	7	9	1	5	4	6	3	2
3	4	5	6	2	9	1	8	7
2	1	6	8	7	3	5	9	4

Puzzle # 35

3	9	4	8	5	1	7	2	6
7	1	8	3	6	2	4	5	9
2	5	6	4	9	7	8	1	3
6	8	1	2	3	4	9	7	5
5	7	3	9	1	6	2	4	8
4	2	9	7	8	5	3	6	1
9	4	5	1	7	8	6	3	2
1	3	2	6	4	9	5	8	7
8	6	7	5	2	3	1	9	4

Puzzle # 36

5	8	9	2	4	6	3	7	1
1	3	4	8	5	7	2	9	6
7	2	6	3	9	1	8	5	4
3	9	8	7	6	2	4	1	5
6	1	5	4	8	9	7	2	3
2	4	7	5	1	3	6	8	9
9	5	3	6	2	8	1	4	7
4	7	2	1	3	5	9	6	8
8	6	1	9	7	4	5	3	2

Puzzle # 37

6	7	5	3	1	9	8	2	4
8	1	3	4	5	2	7	9	6
9	4	2	7	6	8	3	1	5
3	6	1	8	2	5	4	7	9
4	2	8	9	3	7	5	6	1
7	5	9	6	4	1	2	8	3
5	8	6	1	7	4	9	3	2
2	3	7	5	9	6	1	4	8
1	9	4	2	8	3	6	5	7

Puzzle # 38

3	8	6	1	5	4	2	7	9
4	1	9	7	3	2	8	6	5
7	2	5	9	8	6	4	1	3
8	4	3	6	7	5	1	9	2
2	6	7	3	1	9	5	8	4
9	5	1	2	4	8	6	3	7
6	3	4	8	2	7	9	5	1
5	7	8	4	9	1	3	2	6
1	9	2	5	6	3	7	4	8

Puzzle # 39

9	4	2	8	6	7	1	5	3
5	6	3	2	9	1	8	7	4
7	1	8	5	3	4	2	9	6
2	8	6	4	5	3	9	1	7
1	3	9	7	8	2	6	4	5
4	7	5	9	1	6	3	8	2
3	9	4	6	7	8	5	2	1
6	5	7	1	2	9	4	3	8
8	2	1	3	4	5	7	6	9

Puzzle # 40

1	7	5	9	3	8	6	2	4
3	8	2	4	6	5	9	7	1
6	9	4	1	2	7	8	3	5
7	4	3	6	9	1	2	5	8
5	1	6	7	8	2	3	4	9
9	2	8	3	5	4	1	6	7
2	6	7	8	4	9	5	1	3
4	3	9	5	1	6	7	8	2
8	5	1	2	7	3	4	9	6

Puzzle # 41

8	3	2	9	6	7	1	4	5
4	6	7	5	1	3	2	8	9
1	5	9	8	4	2	3	7	6
3	2	4	7	5	1	6	9	8
6	7	1	4	8	9	5	2	3
5	9	8	2	3	6	7	1	4
7	4	3	1	9	5	8	6	2
9	1	5	6	2	8	4	3	7
2	8	6	3	7	4	9	5	1

Puzzle # 42

9	6	8	3	2	7	4	1	5
7	3	2	5	4	1	8	9	6
1	5	4	6	8	9	2	3	7
3	4	9	1	7	2	6	5	8
2	8	1	9	6	5	7	4	3
5	7	6	8	3	4	1	2	9
4	9	7	2	5	6	3	8	1
6	1	3	4	9	8	5	7	2
8	2	5	7	1	3	9	6	4

Puzzle # 43

5	8	9	3	7	2	1	6	4
2	6	1	4	9	8	7	5	3
3	4	7	1	6	5	8	2	9
7	1	3	5	8	9	2	4	6
6	5	4	7	2	3	9	1	8
8	9	2	6	4	1	3	7	5
4	7	8	2	3	6	5	9	1
9	2	5	8	1	4	6	3	7
1	3	6	9	5	7	4	8	2

Puzzle # 44

3	7	1	5	4	8	6	9	2
8	6	9	7	2	1	4	5	3
2	5	4	6	3	9	8	1	7
7	1	6	4	9	5	3	2	8
9	3	5	2	8	7	1	6	4
4	2	8	1	6	3	5	7	9
6	9	3	8	1	2	7	4	5
1	8	7	9	5	4	2	3	6
5	4	2	3	7	6	9	8	1

Puzzle # 45

4	2	1	3	5	8	7	9	6
5	9	7	6	2	1	4	3	8
6	3	8	9	7	4	1	5	2
9	6	4	1	3	7	2	8	5
7	8	5	4	9	2	3	6	1
3	1	2	8	6	5	9	7	4
8	5	3	2	4	9	6	1	7
1	4	6	7	8	3	5	2	9
2	7	9	5	1	6	8	4	3

Puzzle # 46

5	1	4	3	2	8	6	9	7
9	7	6	5	1	4	2	8	3
8	2	3	9	7	6	4	1	5
7	3	9	2	8	1	5	6	4
2	4	8	6	3	5	9	7	1
1	6	5	4	9	7	3	2	8
6	5	7	1	4	2	8	3	9
4	9	1	8	6	3	7	5	2
3	8	2	7	5	9	1	4	6

Puzzle # 47

6	5	3	4	8	9	7	1	2
8	2	9	5	1	7	3	6	4
4	7	1	2	6	3	5	8	9
3	1	2	6	9	5	8	4	7
5	4	7	1	2	8	6	9	3
9	8	6	7	3	4	2	5	1
1	3	5	8	4	2	9	7	6
7	9	4	3	5	6	1	2	8
2	6	8	9	7	1	4	3	5

Puzzle # 48

1	3	9	4	5	2	8	7	6
7	4	6	9	3	8	1	5	2
8	2	5	1	7	6	9	4	3
2	5	4	8	6	1	3	9	7
6	1	8	7	9	3	4	2	5
9	7	3	2	4	5	6	1	8
4	8	7	3	2	9	5	6	1
3	6	2	5	1	4	7	8	9
5	9	1	6	8	7	2	3	4

Puzzle # 49

3	5	8	6	1	2	4	7	9
9	4	7	3	5	8	6	1	2
2	6	1	4	7	9	3	8	5
8	9	4	5	3	1	7	2	6
1	3	6	7	2	4	5	9	8
7	2	5	9	8	6	1	4	3
5	1	3	8	9	7	2	6	4
6	8	2	1	4	3	9	5	7
4	7	9	2	6	5	8	3	1

Puzzle # 50

5	2	1	7	9	4	3	6	8
3	9	6	5	1	8	4	2	7
4	8	7	6	3	2	9	5	1
9	6	4	3	8	5	1	7	2
2	1	5	4	7	9	6	8	3
8	7	3	1	2	6	5	9	4
6	3	8	2	5	1	7	4	9
7	5	2	9	4	3	8	1	6
1	4	9	8	6	7	2	3	5

Puzzle # 51

5	3	2	6	8	4	1	7	9
9	7	8	5	2	1	3	6	4
1	6	4	9	7	3	8	5	2
4	9	7	3	1	2	6	8	5
3	8	5	7	6	9	4	2	1
6	2	1	8	4	5	7	9	3
7	1	9	2	3	6	5	4	8
2	4	6	1	5	8	9	3	7
8	5	3	4	9	7	2	1	6

Puzzle # 52

1	9	8	4	5	2	3	7	6
2	5	7	1	3	6	8	4	9
3	4	6	8	9	7	5	2	1
7	1	4	9	6	3	2	5	8
8	6	5	2	4	1	7	9	3
9	2	3	5	7	8	6	1	4
5	8	1	3	2	4	9	6	7
4	7	9	6	8	5	1	3	2
6	3	2	7	1	9	4	8	5

Puzzle # 53

9	7	4	8	5	6	1	2	3
5	2	1	9	7	3	4	6	8
6	3	8	1	4	2	7	9	5
4	8	5	3	9	1	6	7	2
3	6	7	5	2	4	8	1	9
1	9	2	6	8	7	5	3	4
2	5	9	7	6	8	3	4	1
7	4	3	2	1	5	9	8	6
8	1	6	4	3	9	2	5	7

Puzzle # 54

8	5	1	3	2	6	4	9	7
4	3	9	7	1	5	2	6	8
2	6	7	9	4	8	5	1	3
7	1	8	6	5	9	3	4	2
3	2	5	4	8	1	9	7	6
6	9	4	2	3	7	8	5	1
9	4	2	1	7	3	6	8	5
1	8	6	5	9	2	7	3	4
5	7	3	8	6	4	1	2	9

Puzzle # 55

6	1	3	4	8	7	9	5	2
9	7	5	1	3	2	4	6	8
4	8	2	9	6	5	3	1	7
1	4	9	2	5	3	7	8	6
3	2	8	7	4	6	5	9	1
5	6	7	8	1	9	2	4	3
2	3	4	6	9	1	8	7	5
8	5	1	3	7	4	6	2	9
7	9	6	5	2	8	1	3	4

Puzzle # 56

6	9	8	1	4	3	2	5	7
4	3	1	7	2	5	6	9	8
7	5	2	9	6	8	4	1	3
5	2	4	3	1	6	7	8	9
1	6	7	8	5	9	3	4	2
9	8	3	2	7	4	1	6	5
8	7	6	4	9	2	5	3	1
3	1	5	6	8	7	9	2	4
2	4	9	5	3	1	8	7	6

Puzzle # 57

5	3	9	1	6	7	2	8	4
1	6	7	4	2	8	5	3	9
2	8	4	5	9	3	1	7	6
8	1	2	3	4	6	7	9	5
9	5	3	7	8	1	4	6	2
7	4	6	9	5	2	3	1	8
6	2	1	8	7	5	9	4	3
3	9	5	6	1	4	8	2	7
4	7	8	2	3	9	6	5	1

Puzzle # 58

8	7	2	3	4	1	5	6	9
1	6	9	7	8	5	2	3	4
4	5	3	6	9	2	8	7	1
2	3	6	9	1	4	7	8	5
7	9	8	5	2	6	4	1	3
5	1	4	8	7	3	6	9	2
6	2	1	4	3	7	9	5	8
3	8	7	2	5	9	1	4	6
9	4	5	1	6	8	3	2	7

Puzzle # 59

1	9	6	7	3	4	8	5	2
8	3	2	5	1	9	7	4	6
7	4	5	2	6	8	1	3	9
6	8	4	9	7	1	3	2	5
5	2	7	8	4	3	6	9	1
9	1	3	6	5	2	4	7	8
3	6	9	1	2	7	5	8	4
2	7	1	4	8	5	9	6	3
4	5	8	3	9	6	2	1	7

Puzzle # 60

8	7	5	9	6	3	4	1	2
1	3	9	2	4	7	8	5	6
6	2	4	5	8	1	3	9	7
7	6	1	8	2	4	5	3	9
9	5	8	7	3	6	1	2	4
3	4	2	1	9	5	6	7	8
2	8	3	6	1	9	7	4	5
4	9	7	3	5	8	2	6	1
5	1	6	4	7	2	9	8	3

Puzzle # 61

9	5	6	2	7	1	4	3	8
2	1	4	6	3	8	9	5	7
8	7	3	9	4	5	2	6	1
1	8	5	7	2	9	6	4	3
7	6	2	3	8	4	5	1	9
3	4	9	1	5	6	8	7	2
4	2	7	5	9	3	1	8	6
6	9	8	4	1	7	3	2	5
5	3	1	8	6	2	7	9	4

Puzzle # 62

3	6	1	2	5	9	8	7	4
5	9	8	4	7	3	2	1	6
2	7	4	6	1	8	5	9	3
9	4	3	8	2	5	7	6	1
8	2	7	1	3	6	9	4	5
6	1	5	7	9	4	3	2	8
4	3	9	5	6	2	1	8	7
7	5	6	9	8	1	4	3	2
1	8	2	3	4	7	6	5	9

Puzzle # 63

7	9	8	6	1	2	4	3	5
3	5	1	9	4	7	6	2	8
4	2	6	5	3	8	1	9	7
6	4	9	7	2	1	8	5	3
5	1	3	8	9	6	7	4	2
8	7	2	4	5	3	9	6	1
9	8	5	2	7	4	3	1	6
2	3	7	1	6	9	5	8	4
1	6	4	3	8	5	2	7	9

Puzzle # 64

5	1	9	3	2	4	8	7	6
7	6	3	5	9	8	2	1	4
2	4	8	7	1	6	3	5	9
9	2	7	1	6	5	4	8	3
8	5	1	2	4	3	9	6	7
4	3	6	9	8	7	1	2	5
3	8	4	6	5	1	7	9	2
6	7	2	8	3	9	5	4	1
1	9	5	4	7	2	6	3	8

Puzzle # 65

7	1	8	4	3	6	5	9	2
3	4	5	2	8	9	7	1	6
2	9	6	7	1	5	3	4	8
4	5	2	9	6	3	1	8	7
1	7	9	8	4	2	6	5	3
8	6	3	1	5	7	4	2	9
9	2	4	6	7	1	8	3	5
5	8	7	3	9	4	2	6	1
6	3	1	5	2	8	9	7	4

Puzzle # 66

4	6	5	2	9	8	3	7	1
9	7	2	5	1	3	6	8	4
3	8	1	7	4	6	2	5	9
8	4	7	1	5	2	9	6	3
2	1	6	3	8	9	5	4	7
5	9	3	4	6	7	8	1	2
7	5	9	6	3	4	1	2	8
6	3	4	8	2	1	7	9	5
1	2	8	9	7	5	4	3	6

Puzzle # 67

3	7	1	9	2	6	8	5	4
6	5	4	1	7	8	2	3	9
9	8	2	4	3	5	6	1	7
7	9	8	5	4	2	3	6	1
2	1	3	7	6	9	5	4	8
4	6	5	3	8	1	9	7	2
5	3	7	8	9	4	1	2	6
8	4	6	2	1	3	7	9	5
1	2	9	6	5	7	4	8	3

Puzzle # 68

3	9	8	7	6	4	2	1	5
4	1	2	3	5	9	6	8	7
7	5	6	8	2	1	3	9	4
5	4	1	6	3	7	8	2	9
6	2	7	1	9	8	4	5	3
9	8	3	2	4	5	7	6	1
2	7	5	4	1	6	9	3	8
8	6	9	5	7	3	1	4	2
1	3	4	9	8	2	5	7	6

Puzzle # 69

1	5	6	4	8	7	2	9	3
9	8	4	5	2	3	1	6	7
7	2	3	1	9	6	4	8	5
2	6	7	9	1	5	3	4	8
3	1	8	6	7	4	9	5	2
4	9	5	8	3	2	7	1	6
6	3	1	7	5	9	8	2	4
8	4	2	3	6	1	5	7	9
5	7	9	2	4	8	6	3	1

Puzzle # 70

8	2	7	3	9	5	1	6	4
4	5	9	6	1	7	8	3	2
6	3	1	8	4	2	7	5	9
9	6	8	5	3	4	2	7	1
3	1	4	2	7	6	9	8	5
2	7	5	9	8	1	6	4	3
1	8	3	7	5	9	4	2	6
5	4	6	1	2	8	3	9	7
7	9	2	4	6	3	5	1	8

Puzzle # 71

2	5	1	3	4	9	8	6	7
9	3	6	1	8	7	5	2	4
7	4	8	6	5	2	9	3	1
4	7	3	8	1	6	2	9	5
1	8	2	4	9	5	6	7	3
6	9	5	7	2	3	1	4	8
5	2	7	9	3	8	4	1	6
3	1	9	5	6	4	7	8	2
8	6	4	2	7	1	3	5	9

Puzzle # 72

3	9	2	7	4	8	6	5	1
5	7	6	3	9	1	4	2	8
8	4	1	6	2	5	9	3	7
6	2	9	4	7	3	8	1	5
1	3	8	2	5	6	7	4	9
4	5	7	1	8	9	3	6	2
7	1	3	8	6	2	5	9	4
9	6	4	5	1	7	2	8	3
2	8	5	9	3	4	1	7	6

Puzzle # 73

6	8	5	7	4	1	2	3	9
7	1	4	2	3	9	6	5	8
2	3	9	5	8	6	1	7	4
5	6	1	8	9	4	7	2	3
3	4	2	6	7	5	8	9	1
8	9	7	3	1	2	4	6	5
1	7	3	9	6	8	5	4	2
4	5	6	1	2	3	9	8	7
9	2	8	4	5	7	3	1	6

Puzzle # 74

9	2	7	5	8	1	3	6	4
4	6	5	3	7	9	8	2	1
8	3	1	4	2	6	5	9	7
6	1	8	9	5	7	4	3	2
5	9	3	1	4	2	7	8	6
7	4	2	8	6	3	1	5	9
1	8	4	6	9	5	2	7	3
2	5	6	7	3	4	9	1	8
3	7	9	2	1	8	6	4	5

Puzzle # 75

8	7	1	4	6	3	5	9	2
9	3	4	7	2	5	1	8	6
5	2	6	8	9	1	4	7	3
3	9	2	1	8	4	7	6	5
1	5	8	6	7	2	3	4	9
6	4	7	3	5	9	8	2	1
7	1	9	2	3	8	6	5	4
4	8	5	9	1	6	2	3	7
2	6	3	5	4	7	9	1	8

Puzzle # 76

9	3	2	6	5	7	4	1	8
7	5	6	8	4	1	3	9	2
8	4	1	3	2	9	6	5	7
4	8	3	5	6	2	9	7	1
5	6	9	1	7	3	8	2	4
1	2	7	9	8	4	5	3	6
6	7	8	2	3	5	1	4	9
3	1	4	7	9	6	2	8	5
2	9	5	4	1	8	7	6	3

Puzzle # 77

6	9	5	1	3	2	7	8	4
2	1	3	7	4	8	6	9	5
7	4	8	9	6	5	3	2	1
8	3	7	2	9	1	4	5	6
1	6	9	5	7	4	2	3	8
4	5	2	6	8	3	1	7	9
3	7	4	8	1	9	5	6	2
9	2	6	4	5	7	8	1	3
5	8	1	3	2	6	9	4	7

Puzzle # 78

4	3	6	9	8	7	2	1	5
2	7	9	6	1	5	3	8	4
8	5	1	2	3	4	7	6	9
5	6	4	7	9	3	8	2	1
9	1	8	5	6	2	4	7	3
7	2	3	8	4	1	5	9	6
3	8	7	1	5	6	9	4	2
1	9	5	4	2	8	6	3	7
6	4	2	3	7	9	1	5	8

Puzzle # 79

4	9	6	5	1	2	8	3	7
7	8	3	4	6	9	5	1	2
2	5	1	7	3	8	4	6	9
3	2	9	6	4	7	1	5	8
8	1	4	9	2	5	6	7	3
5	6	7	1	8	3	9	2	4
6	3	5	8	7	4	2	9	1
1	7	8	2	9	6	3	4	5
9	4	2	3	5	1	7	8	6

Puzzle # 80

8	2	3	5	6	1	7	9	4
6	4	5	2	9	7	8	3	1
9	1	7	3	8	4	6	2	5
3	7	1	4	2	9	5	8	6
5	6	2	7	3	8	4	1	9
4	8	9	1	5	6	3	7	2
7	5	6	8	1	2	9	4	3
1	9	8	6	4	3	2	5	7
2	3	4	9	7	5	1	6	8

Puzzle # 81

6	9	7	2	5	8	1	4	3
1	3	2	6	9	4	5	7	8
8	4	5	1	3	7	6	9	2
2	7	8	5	4	9	3	6	1
3	1	4	7	2	6	8	5	9
9	5	6	8	1	3	7	2	4
5	6	3	9	8	2	4	1	7
7	8	9	4	6	1	2	3	5
4	2	1	3	7	5	9	8	6

Puzzle # 82

9	3	7	4	2	1	5	8	6
6	2	4	8	5	7	3	1	9
8	5	1	3	6	9	2	4	7
3	1	6	7	8	2	4	9	5
5	7	2	1	9	4	8	6	3
4	8	9	5	3	6	1	7	2
1	4	5	6	7	3	9	2	8
2	6	8	9	1	5	7	3	4
7	9	3	2	4	8	6	5	1

Puzzle # 83

6	2	9	1	5	4	7	3	8
7	1	5	3	8	6	2	9	4
4	3	8	7	2	9	5	1	6
8	4	1	6	7	3	9	2	5
3	9	7	2	4	5	8	6	1
5	6	2	9	1	8	4	7	3
1	5	3	8	9	7	6	4	2
9	8	6	4	3	2	1	5	7
2	7	4	5	6	1	3	8	9

Puzzle # 84

8	5	3	2	1	7	9	6	4
7	4	6	8	9	5	3	1	2
1	2	9	6	4	3	5	8	7
9	1	7	5	8	2	4	3	6
3	8	4	9	7	6	1	2	5
2	6	5	1	3	4	8	7	9
6	3	1	4	2	9	7	5	8
5	9	8	7	6	1	2	4	3
4	7	2	3	5	8	6	9	1

Puzzle # 85

2	1	3	6	8	7	5	4	9
6	4	8	5	9	2	3	1	7
7	5	9	4	1	3	2	8	6
9	8	6	2	7	1	4	3	5
5	7	4	3	6	8	1	9	2
3	2	1	9	5	4	7	6	8
1	6	2	7	4	9	8	5	3
8	9	7	1	3	5	6	2	4
4	3	5	8	2	6	9	7	1

Puzzle # 86

6	4	1	3	7	9	8	5	2
2	3	9	5	8	6	1	4	7
8	7	5	2	1	4	6	9	3
9	2	3	7	4	1	5	8	6
7	5	4	6	3	8	9	2	1
1	6	8	9	5	2	3	7	4
4	9	6	1	2	5	7	3	8
3	1	2	8	9	7	4	6	5
5	8	7	4	6	3	2	1	9

Puzzle # 87

3	4	1	2	7	5	8	9	6
2	8	7	6	9	1	4	3	5
6	9	5	8	3	4	7	2	1
4	7	3	1	2	8	5	6	9
1	5	8	9	6	3	2	7	4
9	2	6	5	4	7	1	8	3
7	6	4	3	5	2	9	1	8
5	1	9	7	8	6	3	4	2
8	3	2	4	1	9	6	5	7

Puzzle # 88

7	1	5	3	6	2	4	8	9
6	8	4	5	7	9	1	2	3
3	9	2	4	8	1	7	6	5
8	3	1	7	9	4	2	5	6
5	2	6	1	3	8	9	4	7
9	4	7	6	2	5	8	3	1
4	7	8	9	5	6	3	1	2
1	6	3	2	4	7	5	9	8
2	5	9	8	1	3	6	7	4

Puzzle # 89

8	2	1	3	9	7	4	5	6
3	4	6	1	2	5	9	8	7
9	5	7	6	4	8	2	1	3
5	1	3	2	8	4	7	6	9
4	7	2	9	1	6	8	3	5
6	8	9	5	7	3	1	4	2
7	3	4	8	5	2	6	9	1
1	6	8	7	3	9	5	2	4
2	9	5	4	6	1	3	7	8

Puzzle # 90

9	1	7	2	3	8	6	4	5
2	8	4	5	1	6	9	3	7
5	3	6	4	9	7	2	8	1
8	4	2	3	6	5	1	7	9
7	9	3	1	8	2	4	5	6
1	6	5	7	4	9	8	2	3
6	2	8	9	5	3	7	1	4
4	5	9	8	7	1	3	6	2
3	7	1	6	2	4	5	9	8

Puzzle # 91

8	7	9	3	1	5	2	4	6
2	1	6	7	4	9	5	3	8
5	3	4	2	6	8	1	7	9
9	5	7	8	2	1	3	6	4
4	2	8	9	3	6	7	1	5
1	6	3	5	7	4	9	8	2
7	9	1	4	8	2	6	5	3
3	4	5	6	9	7	8	2	1
6	8	2	1	5	3	4	9	7

Puzzle # 92

9	6	2	4	8	1	7	5	3
1	7	4	3	5	6	2	9	8
8	3	5	2	7	9	1	4	6
2	4	1	6	9	3	8	7	5
3	9	7	8	1	5	6	2	4
6	5	8	7	4	2	9	3	1
7	1	3	5	2	8	4	6	9
4	8	6	9	3	7	5	1	2
5	2	9	1	6	4	3	8	7

Puzzle # 93

8	5	6	3	4	9	7	1	2
9	7	4	2	5	1	8	3	6
3	1	2	8	6	7	4	5	9
2	8	1	9	3	5	6	4	7
7	9	5	6	1	4	2	8	3
6	4	3	7	2	8	5	9	1
1	2	8	4	9	6	3	7	5
5	3	7	1	8	2	9	6	4
4	6	9	5	7	3	1	2	8

Puzzle # 94

6	8	5	9	4	1	3	7	2
4	3	2	6	5	7	9	1	8
1	7	9	8	2	3	4	6	5
9	2	6	5	3	4	1	8	7
8	4	7	2	1	6	5	9	3
5	1	3	7	9	8	2	4	6
7	9	4	3	8	2	6	5	1
2	5	8	1	6	9	7	3	4
3	6	1	4	7	5	8	2	9

Puzzle # 95

6	2	4	3	8	7	1	5	9
5	3	7	9	4	1	6	2	8
1	8	9	5	2	6	3	4	7
8	7	2	1	9	4	5	3	6
4	6	3	2	7	5	9	8	1
9	1	5	8	6	3	4	7	2
3	9	1	7	5	2	8	6	4
2	5	6	4	1	8	7	9	3
7	4	8	6	3	9	2	1	5

Puzzle # 96

7	9	8	4	5	3	6	2	1
2	6	4	7	1	9	8	3	5
3	1	5	6	2	8	4	7	9
8	4	6	2	9	7	1	5	3
9	5	3	8	6	1	2	4	7
1	2	7	3	4	5	9	6	8
4	7	9	5	8	6	3	1	2
5	8	2	1	3	4	7	9	6
6	3	1	9	7	2	5	8	4

Puzzle # 97

3	8	6	1	9	4	7	2	5
1	5	4	3	7	2	8	6	9
2	9	7	5	8	6	4	3	1
8	4	2	6	5	7	1	9	3
9	6	1	8	2	3	5	7	4
7	3	5	9	4	1	6	8	2
6	1	8	4	3	9	2	5	7
5	7	9	2	1	8	3	4	6
4	2	3	7	6	5	9	1	8

Puzzle # 98

3	1	5	8	9	7	6	2	4
7	4	8	6	5	2	9	1	3
6	2	9	3	1	4	5	7	8
2	5	4	7	3	8	1	6	9
8	3	7	1	6	9	4	5	2
1	9	6	4	2	5	3	8	7
4	8	3	5	7	6	2	9	1
5	7	2	9	4	1	8	3	6
9	6	1	2	8	3	7	4	5

Puzzle # 99

6	7	5	9	1	8	2	3	4
8	9	4	6	3	2	7	5	1
2	1	3	7	4	5	8	6	9
5	8	9	1	6	4	3	7	2
3	6	2	8	9	7	4	1	5
1	4	7	2	5	3	6	9	8
4	2	1	3	7	9	5	8	6
7	5	6	4	8	1	9	2	3
9	3	8	5	2	6	1	4	7

Puzzle # 100

7	6	8	4	5	1	2	3	9
1	9	4	6	3	2	8	7	5
5	3	2	8	7	9	1	4	6
2	8	7	1	6	4	9	5	3
6	1	3	2	9	5	4	8	7
9	4	5	7	8	3	6	1	2
8	5	9	3	4	6	7	2	1
4	2	6	5	1	7	3	9	8
3	7	1	9	2	8	5	6	4

www.ingramcontent.com/pod-product-compliance
Lightning Source LLC
Chambersburg PA
CBHW080548220526
45466CB00010B/3072
9798590997527